堀江芳介壬午軍乱日記

西村榮雄 編

みずのわ出版

堀江芳介（1843-1902）
文久3年奇兵隊入隊の頃／扉写真は明治18年頃

現在の柳井市阿月。堀江芳介はこの地で生まれ育った（撮影＝柳原一德）

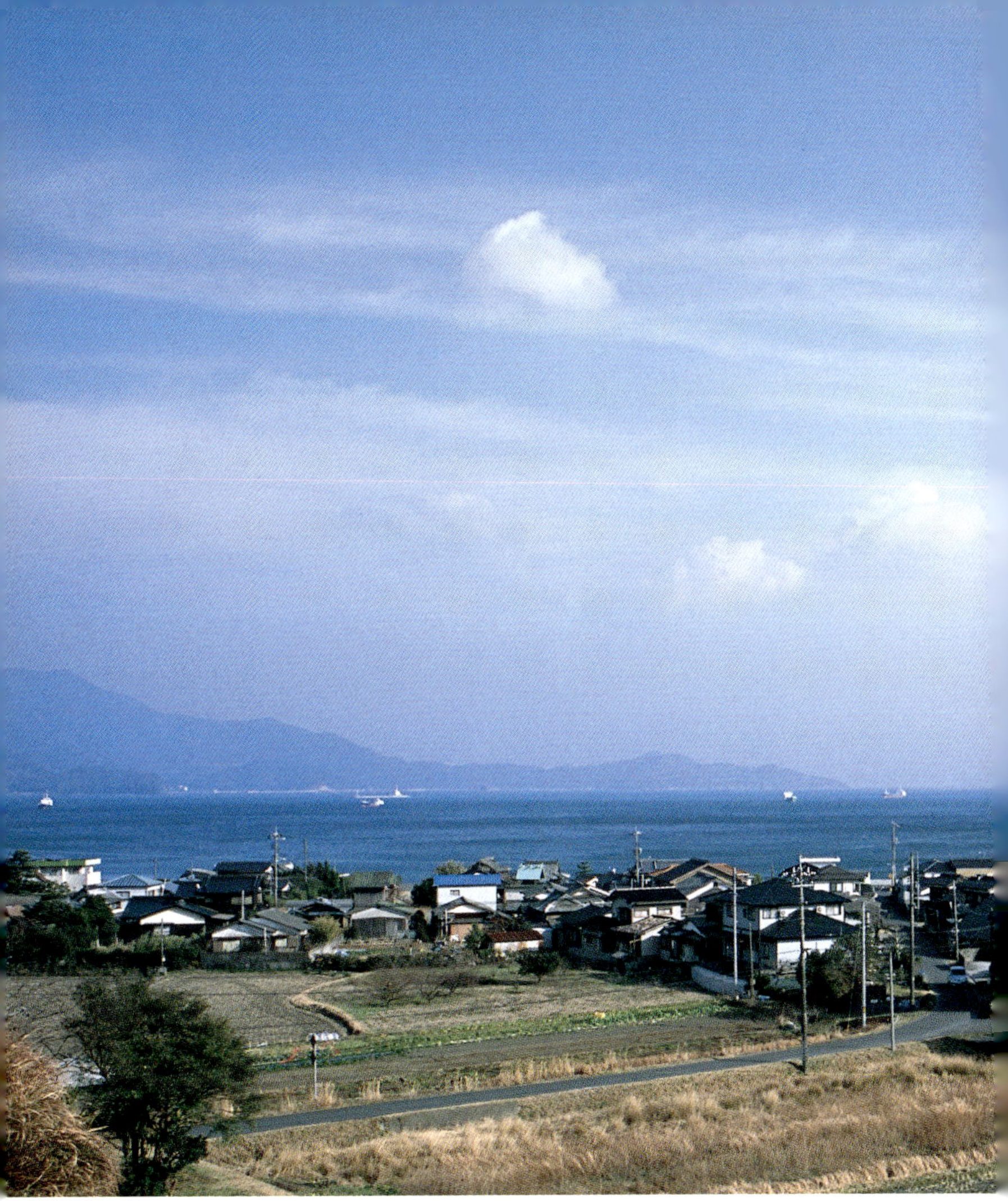

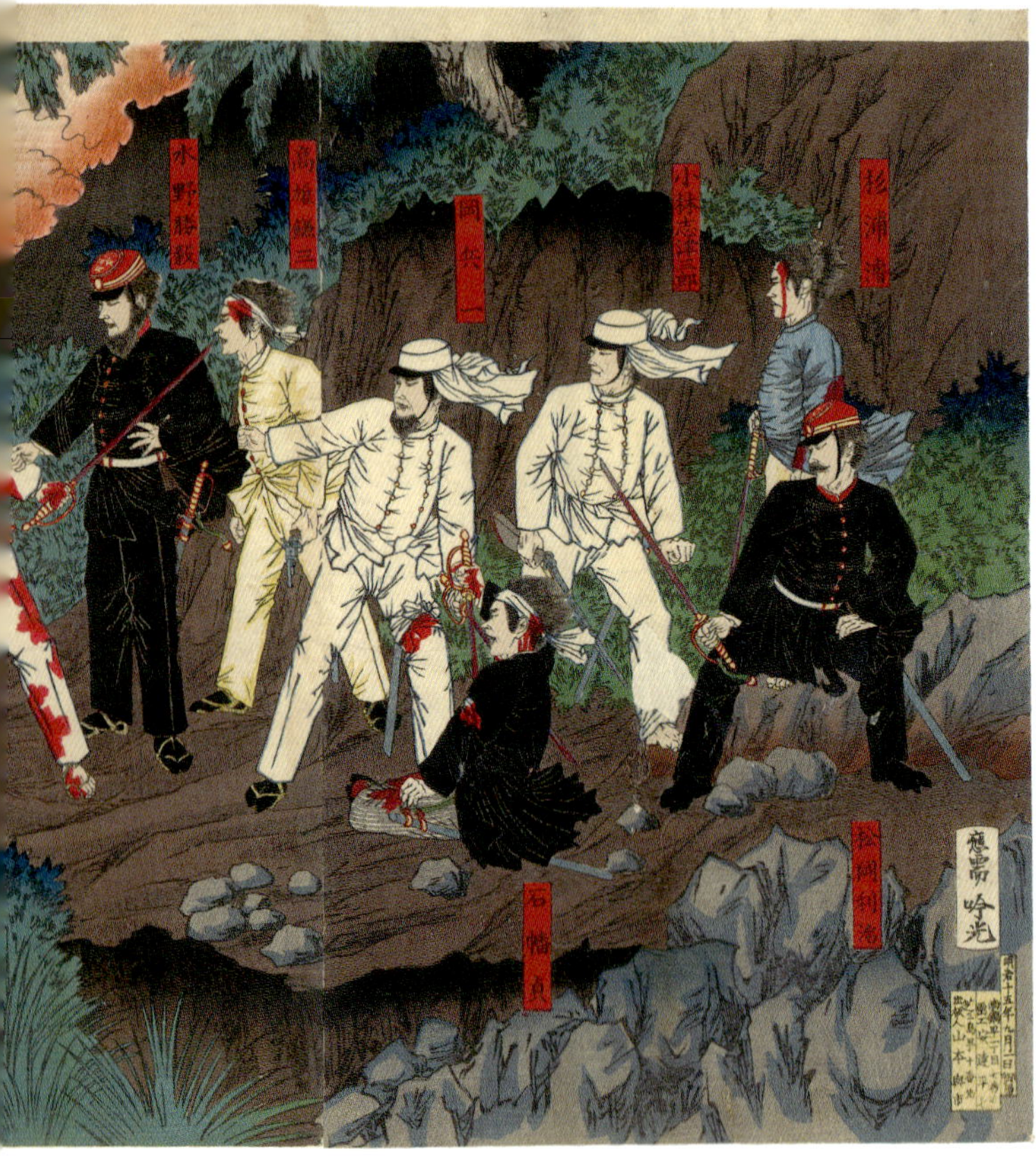

壬午軍乱の模様を描いた錦絵（編者蔵）

朝鮮變報
明治十五年七月廿三日午後五時頃

上　堀江芳介（左端）一族の墓所（撮影＝柳原一徳）
下　壬午軍乱を記録した堀江芳介の日記（同）

まえがき

二〇年くらい前のことである。祖父の遺品を整理していたところ、一冊の古ぼけた手帳が出てきた。縦六・五センチ、横一〇センチの小さな手帳であるが、開いてみると細かいペン字で埋めつくされていた。一字一字拾って読んでいくと、どうやら日記らしいことがわかった。

八月二日から九月二〇日まで、毎日書かれているが年代がわからない。とりあえず、原稿用紙に一字一字書き写していくうちに、これは、明治一五年（一八八二）に朝鮮で起きた壬午軍乱に関するものであることがわかってきた。

防衛省防衛研究所図書館で調査した結果、「陸軍省日誌明治一五年第二三号〇八月一日〇御沙汰書」に

　陸軍少将高島鞆之助御用有之朝鮮國へ被差遣候ニ付

　随行被　仰付　　陸軍歩兵大佐　堀江芳介

とある。祖父堀江《ほりえ》芳介《ほうすけ》（一八四三―一九〇二）は、当時、参謀本部管東局長の職にあった。

命を受けた祖父は、八月二日新橋駅から汽車で横浜に行き、玄海丸に乗船し、神戸、下関に寄港した後、八月一二日朝鮮西岸の月尾島に上陸した。現地では、高島少将の下で花房公使の護衛に当たっていたが、八月三〇日に済物浦条約が結ばれて事件は解決し、九月二〇日に任務を終えて帰国した。この日記は、その間の行動を記録したものであった。

壬午軍乱については、さまざまな見方があるようだが、ここでは、歴史を論ずるのが目的ではないので、事件のあらましについては、「日本史広辞典」(山川出版社)から以下引用する。

壬午事変

壬午軍乱・京城事件とも。朝鮮の開化・守旧両派の抗争から生じた変乱。近代化をめざす閔妃政権は軍事教官に堀本礼造陸軍工兵少尉(当時)を招き新式軍隊(別技軍)を訓練。旧式軍の兵卒は給米への不満からこれに反感を抱き、隠退中の大院君に扇動されて、一八八二年(明治一五、壬午)七月二三日、漢城(現、ソウル)民衆を含め暴動をおこした。

閔謙鎬ら閔派の高官を暗殺し、昌徳宮に乱入、堀本中尉らを殺害し日本公使館を襲った。花房義質公使は仁川に脱出、イギリス測量艦で長崎に急航した。日本政府は居留民保護の軍艦を釜山に送り、花房公使に護衛兵と軍艦をつけ朝鮮政府との談判にのぞませ、済物浦条約が結ばれた。

壬午軍乱についての外交上の記録は数多く残されているが、公使の護衛にあたった軍人の行動記録は数が少ないといわれている。仕事の合間の解読に長期間かかってしまったが、ようやく完成することができた。周囲の奨めもあり、祖父の貴重な体験を後世に残しておきたいと思い、一冊の本にまとめることにした。

日記の解読にあたっては、防衛研究所図書館において、多くの方々のご指導と資料の提供をいただいたことを厚くお礼申し上げる。

また、出版事情の厳しいなか、日記の出版を奨めてくださった「みずのわ出版」の柳原一徳氏に感謝の意を表したい。

編者　西村榮雄

堀江芳介壬午軍乱日記◉目次

堀江芳介　略歴

天保一四年（一八四三）三月二日、堀江傳藏（毛利藩家老浦靭負の家臣）の長男として周防国熊毛郡伊保庄南村（のちに阿月村、現山口県柳井市阿月）に出生。

文久　三年（一八六三）奇兵隊入隊。

元治　二年（一八六五）二月、南奇兵隊霹靂隊隊尾（第二奇兵隊と改称）。

慶応　二年（一八六六）四月、四境の役大島口の戦闘に従軍。

　　　四年（一八六八）戊辰戦争に従軍。

明治　二年（一八六九）大阪陸軍兵学寮入学。

　　　四年（一八七一）八月、陸軍少尉心得。

　　　六年（一八七三）五月、任陸軍少佐、教導団歩兵第一大隊長。

　　　七年（一八七四）一一月、任陸軍中佐
　　　八年（一八七五）六月、教導団次長。

　　一〇年（一八七七）三月、西南の役、征討軍団参謀。

一一年（一八七八）　一一月、任陸軍大佐。

　一二月、参謀本部管東局長。

一五年（一八八二）　八月、朝鮮国に派遣（壬午軍乱）。

一六年（一八八三）　二月、任陸軍少将、陸軍戸山学校長。

一八年（一八八五）　五月、近衛歩兵第一旅団長。

一九年（一八八六）　八月、休職。

二一年（一八八八）　一一月、任元老院議官。

　一二月、予備役編入。

二三年（一八九〇）　七月、第一回帝国議会衆議院議員（山口県第四区選出）。一期のみ。

　一〇月、錦鶏間祗候被仰付。

二八年（一八九五）　山口県熊毛郡伊保庄南村村長（三一年まで）。

三五年（一九〇二）　三月二七日死去。

編集にあたって

・日記は、なるべく原本を尊重することを基本としたが、読みやすくするために一部改めたところもある。
・日記原本には句読点が付されていないが、文意により適宜一字分あけた。
・合字・異体字は、次のように処理した。
　例　丨キ↓トキ／𪜈↓トモ／ヿ↓事／才↓第／忩↓忘
・而（テ）／幷（ナラビニ）／加之（シカノミナラズ）／何者（ナントナレバ）／舩（船）／嶌（島）などは原文のままとした。
・掲示文などは、他の資料・新聞記事などと相違する箇所があり、日記への写し間違いかと思われるが、各資料・新聞記事の間においても一致していないので原文のままとし、当該箇所に＊を付し註記した。
・紙面の劣化や破損により判読できない文字は、字数分の□をあてた。
・登場人物の氏名・官職等は、「明治官員録」（「日本史総覧補巻Ⅲ」新人物往来社）等を参考として註記した。

堀江芳介壬午軍乱日記

（自 一八八二・八・二
至 一八八二・九・二〇）

八月二日

高嶌少将＊　堀江歩兵大佐＊　比志嶌歩兵少佐＊　藤井砲兵大尉＊　綾瀬歩兵中尉＊　吉澤一等副監督＊　神田軍吏＊　井石軍吏副＊　小野軍医＊卜共ニ午後第一時四十分新橋停車ヨリ汽車ニテ横濵ニ到リ午後第五時同港ニテ玄海丸ニ搭シ同第八時解纜セリ

＊高嶌少将（西部監軍部長　高嶌鞆之助）
堀江歩兵大佐（参謀本部　管東局長　堀江芳介）
比志嶌歩兵少佐（参謀本部　管西局局員　比志嶌義輝）
藤井砲兵大尉（西部監軍部　伝令使　藤井義信）
綾瀬歩兵中尉（西部監軍部　文庫主管　綾瀬和三次）
吉澤一等副監督（陸軍省　会計局　庶務課長　吉澤直行）
神田軍吏（歩兵第九聯隊　会計軍吏　神田節三）
井石軍吏副（陸軍省　会計局　会計軍吏副　井石豊徳）
小野軍医（広島鎮台病院　陸軍軍医　小野敦善）

八月三日

海上少シク風波起リ船客殆ント三分二ハ食事ヲ為サヽルモノアリシカ格別難ジ候ト云フニアラス

八月四日

午前第五時神戸港ニ着　西村楼*ニ上陸　幸ニシテ水野大尉*ニ面會シ朝鮮国此度暴挙ノ景況聞クヲ得タリ　此日杉山少佐*　福嶌*　磯林*ノ両中尉ハ金剛艦ニ乗組昨夜出港セリト　然ルニ日進　天城ノ二艦ハ炭水積込ノ為メニ尚当港ニアリテ日進艦ニ乗組シ伊藤砲兵中尉*瀬戸口工兵大尉*　菊地歩兵中尉*ハ当港ニ滞在セリ

日進艦本日午後十二時当港解纜ノ由ナリシカ午後第十時頃ヨリ烈風トナリ通船進退スル能ハス依テ荷物其他炭水ノ積込ヲ為ス能ハサルニ至レリ

本日午後十二時天城艦出帆ス

*西村楼（西村旅館　神戸港中突堤近くにあった船宿）

水野大尉（公使館附武官　歩兵大尉　水野勝毅）

杉山少佐（参謀本部　管西局局員　杉山直矢）

福嶌中尉（参謀本部　管西局局員　福嶌安正）
磯林中尉（参謀本部　管東局局員　磯林真三）
伊藤砲兵中尉（参謀本部　管東局局員　伊藤祐義）
瀬戸口工兵大尉（参謀本部　管東局局員　瀬戸口重雄）
菊地歩兵中尉（参謀本部　管東局局員　菊地節藏）

八月五日

昨夜ノ烈風倍々起リ午後第七時ニ至リテハ当港海岸通ハ海水ヲ打揚ケ非常ノ満潮ト云フヘシ

本日午前第十時　花房公使*ヨリ神戸港滞在ノ井上外務卿ニ宛第二ノ電報アリ　但シ磐城艦釜山ヨリ帰リ報スル処タリ

電報

磐城艦韓地ヨリ帰ル　京城ノ模様ハ堀本中尉　池田平之進　岡内恪　黒沢盛信　外巡査三名皆殺サレタリ　大院君王宮ニ迫リ国王ハ無事ナレトモ王妃ト世子ノ妃ハ毒殺

セラレタ　閔台鎬　閔謙鎬　李載應　金輔鉉　尹雄烈等十一人程殺サレタリ
大院君政事ヲ執リ東萊府ニ指図シ此度ノ事変ハ内乱ヨリ起リ餘焔公使館ニ及ヘリ兵隊皆ナ叛キタルカ故ニ保護行届カス氣ノ毒ナリ近日處刑ヲ受ル趣キ府使領事館ニ来リ告タリ

＊花房公使（朝鮮国駐劄辨理公使　花房義質）

八月六日

一昨日ノ烈風未明ニ至リ漸ク平穏トナルニ因リ午前第六時出帆スヘキノ處船中コレラ病アリテ人夫一人死セリ　之レカ為ニ消毒法ヲ行フヲ以テ延刻シテ十二時乗船午後第一時神戸港ヲ出帆スルヲ得タリ　又乗客ハ高嶌少将ノ一行ト井上外務卿＊ノ一行ナリ
本日日進艦ハ午前第二時出帆セシカ該艦ハ速力充分ナラサルニ因リ瀬戸口大尉　伊藤中尉　菊地中尉　浅田大尉＊ノ四名ハ玄海丸ニ乗リ替リ共ニ下ノ関ニ至ルコトトス
海上平穏　午後第五時頃　讃岐八島近傍ニ於テ天城艦砂洲ニ乗揚ケタルモノカ数艘ノ援助船ト小蒸汽一艘ヲ以テ浮ヘントスルノ景況ナルニ依リ玄海丸ヲ遣リ援ハント謀リタレトモ海底浅キカ故ニ寄ルコト能ハサルニ因リ止ヲ得ス觀過セリ

＊井上外務卿（外務卿　井上馨）
浅田大尉（参謀本部　管西局局員　浅田信興）

八月七日

午前十時　下ノ関ニ着　直チニ上陸シテ川口屋ニ至リシ処　茨木大佐＊并ニ會計軍数人川口屋アリテ高嶌少将ノ来港ヲ待テリ　依テ乗船其他諸事ヲ談シ乗船ノ時日ヲ定ム　又韓地ニ着シ上陸ノ件ヲ協議シテ其手續ヲ豫定シ後　阿弥陀寺町網平方ニ止宿ス
＊茨木大佐（歩兵第十四聯隊長　茨木惟昭）

八月八日

初発ノ二中隊本日正午十二時　門司浦ヨリ品川丸ニ乗船ノ筈ナリシカ薪水其他諸荷物積込ミ整ハサルヲ以テ止ヲ得ス午後第二時乗舩シ　午後第五時四十五分解纜　仁川湾ニ向テ出帆セリ

本日午前第七時　寺内少佐＊下ノ関ニ渡来　依テ上陸ノ都合ハ　近藤外務書記官＊金剛艦ニテ已ニ該湾ニ赴キアルヲ以テ該官ニ協議ノ上上陸セシムヘキ旨ヲ指示シ　又左ノ告示ヲ以

テス

今般朝鮮国へ公使派遣相成護衛ノ為メ被差遣候ニ付該談判中ハ勿論萬一宣戦公告有ルノ後ト雖トモ左条款堅ク可相守事

一　彼ノ人民ニ對シ終始徳義ヲ旨トシ向後公議上ノ批判ヲ受ル事無キ様精々注意スヘキ事

一　彼ノ人民ヨリ萬一狼藉ノ挙動有ル事アルトモ下士以下ニ在テハ将校ノ命有ルニ非レハ各自ニ是非ヲ糺ス可ラサル事

一　總テ粗暴ノ所為ヲ慎ミ殊ニ彼人民ノ應諾セサル件ハ事物ノ何タルヲ論セス強迫ケ間敷挙動有ル可ラサル事

一　婦女子ヲ劫嚇シ又ハ強姦ヲ為ス等固ヨリ軍法ノ禁スル所須ラク嚴戒致スヘキ事

一　長官ノ命令ニ因ラスシテ諸種ノ物品ヲ徴発ス可カラサル事

一　總テ物品ヲ掠奪シ又ハ押買等ヲ為スヘカラサル事

一　總テ家屋ヲ放火シ又ハ毀壊スヘカラス仮令戦闘ニ害有ルモノト雖トモ成ルヘク存在シ置ク事ニ注意スヘキ事

一　降伏人アルトキハ丁嚀ニ待遇シ決シテ粗暴ノ挙動アル可ラサル事
一　彼ノ負傷者ニ對シテハ勉メテ之ニ憐愍ヲ加ヘ聊モ惨酷ノ所為有ル可ラサル事
一　老若男女ノ困厄ニ罹ル者ヲ有ルヲ見認ルトキハ懇切ニ之ヲ取扱フヘキ事
一　彼ノ人民仮令一地ニ蝟集シ有ルモ抗抵ノ挙動無キトキハ宣戦後ト雖トモ漫リニ敵視スヘカラサル事

前条告示ハ軍人軍属ノ尤モ嚴守スヘキハ勿論此他一般軍紀風紀及ヒ時々ノ命令告達等ニ至ルマテ国外ニ在テハ一層嚴重ニ遵奉スヘキ者ナルヲ以テ各部隊長ニ於テ厚ク部下ヘ告達致スヘキ事

本日午前第七時　日進艦入港
本日午後第六時ヨリ稲荷町大坂楼ニ於テ外務卿ヨリ朝鮮派遣ノ諸官ヘ別盃ノ盛宴アリテ下拙*モ其席ニ招カレタリ
此夜十二時ヨリ伊藤　菊地ノ両中尉ハ日進艦ニ乗組タレトモ瀬戸口大尉ハ病患ノ為メニ滞在シテ保養シ明治丸ニテ渡航スルコトヲ含メタリ

＊寺内少佐（歩兵第十四聯隊　第二大隊長　陸軍歩兵少佐　寺内清祐）
近藤外務書記官（釜山浦領事館　領事兼外務書記官　近藤真鋤）
下拙（ゲセツ　自分の謙称　わたくし）

八月九日　晴

日進艦ハ午前第五時　当港ヲ解纜シ仁川湾ニ向フ　又天城艦ハ午前七時　和歌ノ浦ハ午後第五時　下ノ関ニ入港　同八時明治丸入港ス
本日後発ノ二中隊小倉ヲ発シ門司浦ニ出セリ　但シ一日前ニ此所ニ出シタルハ豫備軍ノ入営シ屯営ニ差支フル以テナリ

八月十日　晴

花房公使ノ一行及ヒ高嶌少将ノ一行ハ午前四時明治丸ニ搭載シ　同第八時下ノ関ヲ出帆シ朝鮮国京畿道仁川湾ニ向フ
午後第六時　對嶌ヲ右ニ壱岐ヲ左ニシテ航ス
午後波荒クシテ舩動揺セシカ別ニ異状アラサリシ

八月十一日　晴

午前第七時　済州ヲ左ニ巨文嶌ヲ右ニシ其中間ヲ航ス　風波甚タ穏カニシテ小島満面ニ星散ス　午後第二時　大芼嶌ヲ左ニ見ル　是ヨリ島嶼ヲ見ル少シ

八月十二日　晴

海上平穏　又島嶼多シ　午前第十一時豊嶌ヲ過リ　午後第二時月尾嶌碇泊所ニ着ス

金剛艦ハ已ニ当港ニ来着シ　又清国ノ軍艦二艘此所ニ碇泊ス

本日午前第八時頃汽船一艘西方ニ向ヒ航スルヲ見タリシカ該船モ亦清国ノ軍艦ニシテ当港ニ在リシカ早朝出発シテ帰航セリト

当港ニ投錨スルヤ仁礼海軍少将*及ヒ杉山陸軍少佐来訪　依テ清国軍艦ノ稱号并ニ其上官ノ名ヲ知ルヲ得タリ　即左ノ如シ

揚威号

超勇号

威遠号

其上官ハ北洋水師提督丁汝昌之ヲ管帯シ　道台使補馬建忠之ニ乗シ海軍中将（ハイサア

ミラール）ノ格ヲ以テ朝鮮国ニ係ル諸事ヲ掌トルト云フ

十一日午後第六時日進艦及品川丸入港セリト聞ク　然レトモ呑水ナクシテ上陸スルモ炊事ニ支ユルヲ以テ其準備中ニテ未タ上陸セサリシ

午後第二時頃　馬建忠明治丸ニ来リ我公使花房氏ヲ訪ヒ此度ノ事変ハ貴国及ヒ朝鮮国ノ不幸ニシテ而シテ其事変醸成ノ原因如何ト

公使之ニ答フルニ朝鮮政府ヨリ東萊府使ニ托シ釜山領事ニ送リタル書中認メアル根原ノ大意ヲ以テス

馬曰ク然リ加之之ニ攘夷黨ノ加リタルナラン依テ朝鮮政府ハ今攘夷黨ノ手裏ニアリテ国王ノ意ト相反ス　国王ハ幽閉セラレシ景況ナルカ故ニ是非新政府ヲ改革シテ国王ヲ助ケ其素志ヲ達セシムルニアリ　依テ京城ニ入リ事ヲ謀ラントスレトモ陸兵アラサレハ單身入京スル能ハス　故ニ陸兵ノ到着ヲ待テ入京セントスト

此應接ヲ以テ考フレハ前日一ノ軍艦当港ヲ解纜シテ帰航セシハ当地ノ情況ヲ報シ陸兵ヲ出ス為メナラン

此度ノ事変ニ清国政府ハ馬建忠ヲ朝鮮国ニ差遣スルノ意ハ是レ他ナシ　清国ハ此事変ノ仲裁タラントスルモノヽ如クシテ朝鮮国モ亦清国ニ依テ事ヲ處セントスルヤ疑ヒナシ　何

者朝鮮政府ハ当港ニ碇泊スル馬建忠ノ許ニ屢々使節ヲ遣スモ我公使ヲ訪フコト少シ　遇々来ルモ皆ナ入京ヲ辞スルヲ以テナリ　若シ仲裁タラサルモ間接ニ事ヲ謀リ之ニ依テ以テ属国ノ名義ヲ明ニセントスルナルヘキカ　又ハ開戦ニ至レハ属国タルノ名ヲ以テ朝鮮ト聯合シ我ニ敵對センモ虞ルヘカラス

＊仁礼海軍少将（東海鎮守府司令長官　仁礼景範）
（八月一日付中艦隊司令官兼務被仰付）

八月十三日　晴

本日午後第四時　公使仁川府ニ進入アルニ依リ護衛兵二中隊ヲ以テシ之ニ杉山少佐　瀬戸口大尉　伊藤　菊地　福嶌　磯林ノ四名ヲ附シ地理実査其他探偵ヲ為サシムル為ニス　下拙モ亦地理研究トシテ同府ニ赴キ日没後済物浦ニ帰ル

但本日既ニ公使ニ附スル處ハ一中隊ニシテ明日更ニ一中隊ヲ出シ公使入京ノ護衛ヲ二中隊ト定ム

午後第七時　和歌ノ浦丸着港　其着兵隊ノ上陸ハ海軍ニ依頼シ其方法ヲ定メリ

八月十四日　晴

本日　更ニ一中隊ヲ仁川府ニ出シ公使ノ護衛二中隊全テ仁川府ニ入ル
公使一両日中入京ノ由ニ就而ハ隊ノ部署左ノ通リ

二中隊　公使入京ノ護衛
一中隊　内二小隊ハ高嶋少将入京ノ護衛
　　　　二小隊ハ楊花津及ヒ三蓋ノ両所警備ニ充ツ
一中隊　済物浦ニ置キ内一小隊ヲ仁川府ニ出ス

公使ハ来ル十六日仁川府ヲ出発シ入京ニ決ス
＊一大隊は四中隊　一中隊は四小隊

八月十五日　午前小雨午後晴

明十六日公使仁川府ヲ出発シテ入京ニ就而ハ視察ノ為メ午前第五時一中隊及ヒ杉山少佐ノ一行ヲ楊花津ニ向ケ出発セシム

下官ハ前日仁川府ニ出張ノ都合ナレトモ輜重ノ運搬運ハサルニ因リ止ヲ得ス済物浦ニ止営シ本日早朝ニ仁川府ニ至ル

又　沿道ノ人民ニ左ノ諭告ヲ為ス

我兵来*非有他意日前我
公使之在京乱民作黨焚
館弄兵故我政府特派兵
護衛公使固非以事干戈
則耕者不舍鍬織者不止
杼各安其業萬勿恐懼動*
搖

明治十五年

八月十三日
大日本公使館附
書記官*

昨夜　比叡艦入港　竹添書記官該艦ニ搭シ渡航直チニ仁川府ニ至リ花房公使ノ所ヲ訪ヒ政府ヨリ使命ヲ奉ス
当国ハ未タ兵制整ハス従テ兵器モ亦精工ナラスト云ヘトモ決而軽蔑シテ警備ヲ怠タラサル旨ヲ大隊長ヨリ其部下一般ヘ告示スヘキコトヲ命ス

*諭告文中「日本外交文書」（外務省）と三箇所相違するが原文のママとした。
我兵来（我兵来此）
恐懼動揺（惶懼動揺）
書記官（天津領事館　領事　竹添進一郎）

八月十六日　曇天時小雨ス

公使并ニ近藤領事ハ午前第五時　仁川府出発シテ京城ニ向フ　下拙モ亦護衛ノ一中隊ニ

属シ大隊長寺内少佐ト共ニ公使ニ随フ
午後第四時　楊花津ニ着ス　楊花津ハ漢江ノ東岸ニアリテ数戸アル所　又西岸ヲ楊花渡ト云フ　又人家数戸アリ　然レトモ両岸トモニ合シテ一中隊ヲ舎スルニ稍々狭シ　茲ニ於テ先発ノ一中隊ト本日公使ノ護衛一中隊ヲ合シ内一小隊ヲ楊花渡ニ　半小隊ヲ麻浦ニ置キ渡場ノ警備ニ充ツ　餘一中隊ト二小隊及半小隊ヲ以テ公使入京ノ護衛トス
漢江ヲ渡シ楊花鎮ニ休憩　此時京畿観察使洪祐昌来リ公使ト面會シ面晤ノ終ニ城内ニ入ルコトヲ承諾シ萬事其周旋ヲ為スト直チニ別ヲ告ケ京城ニ帰ル
依テ先ツ先発トシ半小隊ニ近藤領事　杉山少佐　比志嶌少佐　及杉山ノ一行ヲ京城ニ向ケ出発セシム　續テ公使及ヒ下拙ト一中隊ト二小隊及半小隊ハ出発シ午後九時入京シテ南部泥峴（地名）前禁衛大将李鐘承ノ邸ニ搭シ暫時休憩シテ寝床ニ着カントストキ大院位ヨリノ使者来リ労ヲ訪ヒ又一同ヘ糧食ヲ饗セント　然レトモ謝絶シテ之ヲ受ケス

八月十七日　晴

本日菊地中尉ニ帰朝ヲ命シ下拙及ヒ杉山少佐ト両名ニテ山縣中将*ヘ宛第一号ノ報告書ヲ托シ午前第十時京城ヲ出発セシム

午後第七時宿営近傍ノ地理ヲ披シ事変ニ處スルノ部署ヲ豫定シ其指示ヲ為ス
本日伝聞スルニ依レハ清兵二営来ルト云フ
＊山縣中将（参議　陸軍中将　山縣有朋）
（明治十五年八月七日参謀本部長御用取扱被仰付）
（同年九月四日御用取扱被免）

八月十八日　曇天

高嶌少将及ヒ仁礼海軍少将ハ二小隊ト水兵六十名ヲ率ヒ午前十時入京
昨日ヨリ麻浦ノ守兵ハ全ク引揚ケ楊花津ニ合シ楊花津及楊花渡両所ニ半中隊ヲ置ケリ
下拙　杉山　瀬戸口　伊藤　福嶌等ト共ニ下都監ニ至ル　其途中ニ於テ曽テ堀本中尉ノ伝習セシ処ノ韓卒ニ會ス　依テ堀本ノ踪跡ヲ尋問スルニ変動ノ際直チニ田舎ニ至リ逃レテ昨今入京セシヲ以テ其詳細ヲ知ラスト
已ニシテ下都監ニ至リシニ門扉ヲ閉チ入ル能ハス　依テ門戸ノ隙ヨリ臨見レハ四斤野砲壱門ブロドヱール砲壱門地ニアリテ車輪ハ其近傍ニ毀チアリテ又ブロドヱール砲ノ込栓ハ何レニアルヤ之ヲ脱シアルヲ見タリ　依之推考セハ我政府ヨリ寄贈セラレタルスナイドル

銃及ガットリング其他山砲等ハ悉ク其内ニ毀損シアルナラン

八月十九日　晴

菊地中尉ハ昨十八日正午十二時　明治丸ニ搭載シ本邦ニ向ヒ出帆セリト　又同人ヨリノ報ニ済物浦近傍トモ異状ナシ　清国軍艦ノ内一艘ハ測量ノ為メ南陽沖ニ向ケ出帆セシカ他ノ事情アルニアラスト

礼曹判書李會正　公使ノ許ニ来リ明二十日国王公使ニ謁見ノ旨ヲ報シ併セテ国王ヨリノ見舞ヲ伸フ

本日馬建忠ヨリ花房公使ニ通スルニ近日南陽湾ニ轉シ不日入京シテ面晤スヘシト

八月二十日　晴

公使ハ国王ニ謁見トシテ正午十二時旅館ヲ発シ大闕ニ到ルヲ以テ護衛兵二中隊ヲ附シ下官　杉山少佐　瀬戸口　藤井ノ両大尉及ヒ伊藤　福嶌　磯林ノ両中尉之ニ随フ

公使ハ朝煕堂ニ於テ国王ニ謁見シ速カニ要求書ヲ直チニ国王ニ呈シ急速其擔任ノ大臣ヲ命シ速カニ其答ヘアランコトヲ申請シテ退去シ帰途大院君ニ謁セラレシニ頗ル叮嚀ナリト

公使又大院君ニ申請スルニ事変始末ヲ以テセリ　此時公使ヨリ直チニ国王ニ呈シ置タル要求書ヲ以テ公使ニ返付シテ曰ク此書ハ已ニ国王ニ呈シ置カレタレトモ国風ニ由リ領議政ノ手ヲ経テ差出サレタキ旨ヲ以テセラレタリト　依テ公使ハ其要求書ヲ受ケ帰途領議政ニ面會シ右ノ要求書ヲ渡ス　領議政洪淳穆之ヲ領収シ暫時談判シテ午後第三時帰館

要求ノ決答ハ来ル二十三日正午ヲ期シ置カレタリト

王宮ニ到ルヤ護衛ノ二中隊及ヒ巡査ハ敦化門内ニ停メ茲ニ休憩シ　陸海軍ノ将校ハ進善門内粛章門前ニ於テ休憩ス　進善門内ノ左側ニ仁政門アリ門内一大屋アリ甚タ宏壮ナリ之ヲ仁政殿ト云フ

八月二十一日

本日仁川府警備ノ一小隊ヲ梧柳洞ニ移シ此ニ兵站ヲ置クコトニ決セリ　梧柳洞ハ済物浦ト京城ノ中間ニ在ルヲ以テ利便地ナレトモ道路ニ沿フ所人家甚タ少シ　然レトモ近傍ニ村落星散スルヲ以テ仁川府ヨリ却而人馬多シトス

楊花津警備ノ司令ニ会シテ曰ク　事変ノ節ハ速カニ渡舩ヲ集メ置クガ緊要ナル旨ヲ以テセリ

八月二十二日　晴

要求ノ決答二十三日正午ヲ期セラレシカ屢々延期ヲ申入且談判委任ノ領議政洪淳穆ハ貴重ノ委任ヲ受ケシニ又山陵看審ヲ命セラレ山陵ニ赴キタルヲ以テ両三日ノ中復命シテ談判ニ及フ抔ト甚タ遷延ニ渉ルヲ以テ到底期日ニ確答ナキヲ認定シ終ニ明二十三日京城ヲ去ルノ議ニ決シ輜重運輸ノ為メ人夫并牛馬ヲ請求セシカ支那兵入京スルニ依リ牛馬ニ差支ヘタリト申入一モ請求ニ應セサルノ景況アリ

本日又馬建忠ヨリ花房公使ヘ書柬ヲ送リ大艦二艘商船六艘并ニ六営*ヲ出シ本日下拙ハ一営ヲ以テ入京スヘシト

＊六営（営は大隊のこと。一営は約五百人からなる部隊）

八月二十三日　晴

本日午前第三時ニ至ルモ昨日請求ノ人夫并牛馬来ラス屢々督促スレトモ一向應スルノ景況ナキヲ以テ終ニ一中隊ヲ以テ輜重兵ニ充テ物品ヲ楊花津ニ運輸スルコトトナシ　其始末ハ杉山少佐ノ任スル処トナリ又一小隊ハ京城ニ在テ京城ノ物品相運迠此ノ警備トナシ近藤領事モ公使出発後ノ始末ノ為メニ一両日京城ニ滞在セラルコトニ決セリ

京城ニ滞留ノ一小隊并ニ輜重ニ充テタル一中隊及楊花津ノ二小隊ハ全ク京城引拂ノ後チハ此二中隊ハ当分楊花津ヲ固守スル為メニ同地ニ屯在セシメタリ

公使ハ午前第七時　京城出発仁川府ニ向フ　依テ一中隊ヲト水兵一小隊ヲ護衛トス　下官モ亦公使ト共ニ仁川府ニ赴ク　午後第十時仁川府ニ着ス

高嶌少将　仁礼海軍少将ハ午前第四時　京城出発楊花津ヨリ韓船ニ搭シ漢江ヨリ直チニ済物浦ニ赴ケリ

京城出発時限ヨリ人夫四五人宛陸續来リ運輸ノ漸ク整タルヲ以テ多ク兵卒ヲ役セスシテ事済タリ　然レトモ患者ノ運搬并ニ天幕等ハ兵卒ニテ運搬ヲナシタリ　楊花津ヨリ患者并ニ荷物ハ水運ニ因テ済物浦ニ廻漕セリ

本日馬建忠ハ一千人ヲ引率シテ入京シ　其兵ハ正装ニシテ携帯銃ハモウドル銃ナリト現ニ伊藤中尉等ノ認タメタルコトナリ

八月二十四日　晴

公使ハ本日仁川府ニ滞在

午後第七時　馬氏京城ヨリ当地ニ来リ公使花房ヲ訪フテ曰ク

我レ入京シテ大院君ニ謁セシニ外交ノ何モノタルヲ知ラス　加之内政ニ渉ル件モ我カ何々ヲ為セリト国王ノコトハ一言ヲ発セス　現今ノ姿ニテハ朝鮮国ハ決而保ツ能ハサルヲ以テ是非大院君ヲ退ケ従テ外交ヲ望ム所ノ大臣ヲ要路ニ置キ條理ノアル新政府ヲ設置スルニアラサレハ今般ノ談判モ整フヤ否ハ知ルヘカラス　其改革ハ容易ナリ三人シテ事ヲ謀ラントス如何

ト　公使對曰ク

我カ政府ノ訓條ニ此度ノ談判ニ就而ハ決而他国ノ仲裁ヲ受クルコトナク若シ仲裁タランスルモ必ス謝絶スヘシ

ト　馬曰ク

我レ勿論其談判ニ干與シ仲裁タラント欲スルニアラス　而シテ日本政府ハ此事ヲ何如處分スル見込ナルヤ

ト問フ　花房氏對曰ク

已ニ計畫ノ見込モ條理ナキ政府ナルヲ以テ談判ハ整ハサルコト必然タルヲ以テ暫ク当地退キ只宣下ヲ待ツノミ

ト　馬曰ク

若シ條理アル新政府ヲ建設スル以上ハ再ヒ談判ヲ起サル、ヤ否

ト　花房曰ク

我政府ノ望ム処ノ要求ニ應スルニ於テハ敢而破談ヲ好ムニアラス

ト　馬曰ク

其要求ハ何如ナルヤ

ト答フ　公使對曰ク

何モ申コトナシ已ニ要求書ハ国王ニ呈シキ　大院君ニモ披見アリタレハ足下モ亦披見セラレタルナラン　依テ今喋々伸ヘスシテ可ナリ

ト　馬曰ク

然リ已ニ拝見セリ　素ヨリ勿論ノコトナリ　又貴下ノ大院君ニ面晤セラレシ件々モ大院君自カラ筆記シテ余ニ示セリ　併シ朝鮮国ノ状況ハ貴下モ推考セラル、通リ要求ニ應シ難キ件モアラン

ト　公使曰ク

先其事ハ差閣キ此度ノ事変ハ実ニ大事件ナリ　何者ハ琉球處分ノコトヨリ国中ノ人民兎角貴国ノ動静ヲ窺ヒ貴国モ亦其景況ナキニアラスシテ互ニ臆測ヲ以テ殆ント敵視ス

ルノ景況ニ至リシヲ以テ　又此度ノ事変ニ際シ貴国ノ干渉アレハ日本国民ハ又清国出タリト終ニ人氣ノ向フ処ヨリ事ノ起ルコトモアランコトヲ患フルナリト　右等ノコトハ貴下モ已ニ諸新聞紙上ニテ散見セラレタルナラン　又清国ハ此事変ニ立入ルニ属国ノ名義ヲ以テスヘシ抔ハ議論紛々タリ

ト　馬曰ク

決テ然ルニアラス当国ニ手ヲ出シ開化ノ域ニ導カントスルモ容易ノコトニアラスシテ其費用モ亦巨大ナリ　斯ノ如キ利益ナキ国ニ渉ラサルモ清政府ハ国中ノ事ニ遑アラス

又曰ク義州ノ貢租ハ三百年来ノコトナレハ我レ之ヲ癈止シ他ニ貿易場ヲ開ク利アリトスレトモ該政府ハ決而此事ヲ容レサルヲ以テ此一挙ハ萬々行ヒ難シヲ以テ従前一ケ月二度義州ニ於テ貿シ一ケ月一度二ケ月ニ一度貿易セシ所ヲ癈シテ更ニ済物浦ニ於テ各国ト斉シキ貿易ヲナサントセントス

ト　其他種々面晤アレトモ僅末ノ件ナルヲ以テ畧ス

本日楊花津滞在ノ杉山少佐ニ達スルニ追而当地ヨリ何分義相達候迠其地ニ屯在スヘシト

午後第十一時五十分　近藤書記官　伊藤中尉　福嶌　磯林ノ両中尉　京城引揚ノ後出立シテ済物浦ヘ帰レリ

八月二十五日　曇

午前第五時　公使ハ仁川府ヲ出発　済物浦ニ到リ馬建忠ヲ訪ヒ　後チ高嶌少将ト協議ノ後　和歌ノ浦丸舩中ニ於テ諸事ヲ取扱ハレルコトトナレリ

下官ハ仁川府ニ滞在ノ処　公使済物浦ニ轉移サレタルニ依リ　大隊長寺内少佐ト共ニ済物浦ニ移レリ

入京中仁川府ニ屯在ノ一小隊ハ公使ノ護衛トシテ済物浦ニ至リシカ　公使仁川府ニ帰館セラレサルヲ以テ当地ニ屯在スルコトトナシタリ　依テ昨今ハ楊花津ニ二中隊　仁川府ニ一中隊　済物浦ニ一中隊トス

出征ニ際シ当地ノ情況ニ就而準備ノ参考トナルヘキ件々ヲ報セン為メ會計工兵等及医官ト協議シテ其手續ヲナセリ

八月二十六日　曇

楊花津屯在ノ二中隊　舎営ニ乏シ趣ナルヲ以テ永登浦ニ分屯セシムヘシ　然ルトキハ麻浦ノ道路ヲ阨シ該地ノ動静ヲ窺フニ便ナリト　杉山少佐ニ申置シタリシノミニテ他ニ記事スヘキ件ナシ

八月二十七日　雨

本日　楊花津杉山少佐ヨリノ報ニ該地并ニ近傍トモ異状ナシ　又　舎営ニ乏シキ以テ永登浦ニ分屯セシムヘキ旨申越サレタレトモ　多少不便ノコトアルヲ以テ楊樹洞ニ廠舎建設シテ支ヘナシ　依テ永登浦分屯ノコトハ見合セタリト

本日　高嶌少将ハ和歌ノ浦丸ニ到リ　公使并ニ仁礼海軍少将ト面晤アリシカ其件々ヲ詳カニセス

八月二十八日　晴

午後第一時　迅鯨艦着港シ仝艦ニテ当地へ出張ノ陸軍官員左ノ通

砲兵大尉　熊谷宣篤*
工兵大尉　坂本英延*
軍医副　野村萬里*
〃　藤田嗣章*
〃　菊池常三郎*

工兵曹長　秋月榮太郎
外
看病人　三人
〃　卒　五人

堀本工兵中尉其他五人ノ屍ハ　仁川府ニ送リ此地ニ死セシ者ト一地ニ埋葬セントシテ漢江ヲ下リ仁川ニ送ラントセシカ　江華島草芝邊ヲ下ルトキ砲声ヲ聞キ事ノ初マリタルト臆想シテ其柩ヲ草芝近傍ノ水嶌ニ仮埋メシテ逃レタリトノ報アルニ依リ　本日　伊藤中尉小林志津三郎*ヲ遣シ検セシメシカ　最早数日ヲ経タレバ腐敗シテ其誰タルヲ認ムル能ハサレトモ　堀本中尉ハ幸ニ　サンチロン*ヲ帯セシ　以テ其　サンチロン　ニ依テ堀本タルヲ認ルヲ得タレトモ餘ハ誰タルヲ弁スル能ハス

今般事変ノ要求談判委員タリシ洪淳穆ハ其委員ヲ免セラレ　更ニ談判委員トシテ李裕元ヲ以テシ　之ニ金宏集ヲ附シ　本日午後八時　当済物浦ニ着　直チニ金剛艦ニ到リ應接セリ　然レトモ其談判ノ次第ハ未タ聞ク能ハス

又　聞ク処ニ依レハ李裕元ハ頑固ノ主ナル仁物ニテ　一時開国黨ノ盛ナルニ当テ釜山近

傍ニ放タレシカ尚屈セス倍々鎖国黨ヲ煽動セシモノナリト

＊砲兵大尉　熊谷宣篤（陸軍省　砲兵局）
工兵大尉　坂本英延（東京鎮台　工兵第一大隊　中隊長）
軍医副　野村萬里（陸軍軍医補）
軍医副　藤田嗣章（熊本鎮台病院　軍医副）
軍医副　菊池常三郎（東京憲兵本部　軍医副）
小林志津三郎（京城公使館　一等巡査）
サンチロン（軍刀や拳銃を吊るためのベルト。階級により色が異なる）

八月二十九日　晴

午後第五時三十分　花房公使ハ近藤領事ヲ従ヒ上陸シテ　全権大臣タル李裕元ノ許ニ到リ談判ニ掛レリ

午後第十一時開散　其結局ヲ聞クニ明三十日ニ調印スヘキコトニ決セリト

本日　清国軍艦壱艘入港セシカ三四時間碇泊ノ後直チニ出帆セリ　多分当港ノ景況ヲ視察ノ為メナラン

米国軍艦モ午後第四時頃出帆セリ　併シ何レニ向フタルヤハ未ハ観セス
八月二十三日京城引揚ノ際　朝鮮国吏曹参判金宏集従事官李祖淵来館　近藤書記官ト
應接ノ大意

此度ノ事件ニ付　貴国ノ御取扱實ニ意外ニ出勢此ニ至リタルハ不得止儀ニ候

当節我朝廷ニモ喪事ニ付混雑致シ評議ノ暇モナク　尤モ領議政モ山陵看審ノ事ヲ済マセ帰京ノ上御熟議可及積リナリキ　一体我国ノ風儀官民トモ埒ノ明カヌコト多キハ公使初貴下モ御承知ノコトナルヘシ

是ハ以ノ外ノ御談シナリ併シ御発明ノ為メニ一應ノ手續ヲ申述フヘシ　抑此度ノ事ハ万国歴史ニモ未曾見ノ一大変ニテ　我国ニ取テハ一モ九モナク　直チニ問罪ノ師ヲ差向ラレテ相当ノコトナリ　併シ我政府ハ成丈和局ヲ保ンカ為花房公使ヲシテ再ヒ貴国ニ到ラシメラレタル儀ニ付　正当順序ヲ申セハ入京直様謁見其場ニテ八ケ条案件ノ決答ヲ承ルヘキ筈ナリ　然ルニ公使ハ力所及穏便ヲ謀リ　謁見ニ至ル間モ三日ヲ徒消

シ決答ノ期モ三日ノ裕餘ヲ与ヘラレタルハ頗ル寛優ノ致方ト謂ヘシ　然ルニ貴国ニテハ更ニ意ヲ之ニ留メス専對ヲ申付タル大臣ニ又他事ヲ申付テ外出セシメ立タル期限ヲ徒爾ニ属セシムルニ至リシハ如何ニモ我儘ノナサレ方ニテ毫モ交際ヲ重セラルルノ意ヲ見出シ不申　如此交際ヲ軽蔑セラルルノ貴国ニ對シテハ最早交際ヲ維持スルノ方畧ナケレバ　公使ハ不得止帰国セラルルニ至リタルナリ

我政府ノ不行届ハ一言ノ申訳ナシ汗顔ノ至リナリ　實ハ山陵ノコトモ大切ノ義ユヘ先之ヲ済セテ後ト心得タルヨリ大ニ不都合ヲ生シタリ

評議ノ為メ延期ヲ乞ハルル訳ナレハ領議政自来テ事情ヲ述ヘラレタラハ公使モ自ラ勘弁ノ道モアリシナラン　反之外ニ慎重ノコトアリ之ヲ済セテカラ相談スヘシト云時ハ取モ直サス一方ハ軽ヒカラ後ニスルト云義ニテ貴国政府ノ今番ノ事体ヲ軽視セラルルノ意不可掩

御尤モ千萬ノ言ナリ　但我主上ハ何卒交誼ヲ維持シ益々親睦ヲ敦フシタキ思召ナル

義ハ御承知置有タシ

貴国主上ハ定メテ其思召ナラント相察ス　併シ今日已ニ交際ノ道絶ヘタリ此後ハ如何ナサルル御積リナルヤ

主上初メ政府モ途方ニ暮レ何ノ考モ無之

拙者御指図ハテキ不申ナレトモ数年ノ友誼ニ對シ貴下迠愚考ヲ申述ヘン　花房公使モ一両日ハ済物浦ニ逗留セラルヘキニ付　国大公又ハ領議政ノ内速カニ跡ヲ慕ヒ　該處ニ赴キ過ヲ謝シ八ケ条ノ決答ヲナスヘシ　但シ右八ケ条ハ干戈ヲ以テ罪ヲ問ノ代リニ要求セラルルモノニテ我政府ニテモ貴国ノ状情ヲ酌量シ頗ル勘弁ヲ加ヘラレタルモノナレハ内一ケ条タリトモ之ヲ拒マルルコトアラハ此御相談ハ調申間布ニ付其心得ニテ発向アルヘシ　尤モ大體ノ取極メ相調タル上ハ緒餘ハ何程カ変通ノ御相談モ可出来ト考故ニ　領議政ナレハ便宜行事ノ全権ヲ有シ差向ケラレ　済物浦ニテ直チニ調印ノ用意アルヘキコト肝要ナルヘシ　此手續今明日ノ内ニ行ハルレハ既ニ断ヘタル舊好モ

再ヒ維持スルヲ得ヘシ　貴見ハ如何

如此迠御心添下サル段感謝々々直様是ヨリ御意見ノ趣ヲ主上ニモ奏上スヘシ　明日李祖淵ヲ以テ多分申上ルコトモ有ルヘシト存候

序ニ申スヘシ最前モ申通リ此度ノ一件ハ實ニ古今未曾有ノコトニテ我国ノ凌辱ヲ受ルノ大ナル之ヨリ甚シキハナシ　是ニ於テ我国一般ノ人心奮起憤懣ニ堪ヘサルノ状アリ　是等ハ逐々新聞紙ニテ御承知アルヘキニ付逐テ其言ノ虚ナラサルヲ御承知ナサルヘキナリ　偖右様人心憤怒皆大兵ヲ擧テ此耻辱ヲ雪カントシ殆ント抑止スヘカラサル勢アルモ　独リ外務卿ハ江華修約以来ノ主義ヲ維持　ナルヘク平和ニシテ凌辱ヲ雪キ舊好ヲ保持セントセラレ　務テ衆憤ヲ制シ再ヒ花房公使ヲ派出セラルルノ手續キニ至リシナリ　然ルニ貴政府ノ事理ニ暗キ今日最早此極ニ至リシ上ハ我外務卿ノ精神モ徒爾ニ帰シ　花房公使斡旋ノ力モ施スニ處ナシ　拙者誠ニ恐ル　我国人若シ此等ノ報ヲ聞カハ我一般ノ公憤ハ更ニ一層ノ深キヲ添ヘンコトヲ

井上外務卿閣下ノ思召實ニ感銘スルニ餘リアリ其他ハ唯大息スルノミ

本日　楊花津駐屯杉山少佐ヨリノ報ニ　当地ノ巷説ヲ聞クニ　大院位ハ南大門ヲ出シ儘ニテ其行衞分ラスト　又今朝麻浦辺ヲ巡回シ事情ヲ探聞スルニ大院位ハ一昨日南陽ニ赴キシト　又　只今京城ヨリ趙存八（従来水野大尉探偵ニ使役セシモノ）ナル者来リ告テ曰ク清兵二十五日午後四大門ヲ守衞シ（守兵各門約二十人）宮闕ヲ擁護シ　二十六日馬氏大院位ヲ南大門外ノ屯山ニ誘出シ捉ヘテ南陽ニ送致セシト　右各説符合スル所ヲ以テ見レハ蓋シ確実ナルコトト被察候　然ルニ右形勢ト別紙馬建忠ノ傍示書トヲ参照セハ馬氏大ニ内政ニ参與セントスル者ノ如シ　是ヲ以テ考フルニ我談判ノ事タル一日モ躊躇ス可ラサル儀ト上存候　右不取敢報告云々ト

又　其榜示書左ノ如シ

清人所掲榜

欽命二品頂戴辦理朝鮮事宜候選道馬
欽命廣東水師提督軍門朝鮮*事宜瑚敦巴圖魯烏　為

記名簡放提督軍門辨理朝鮮事宜西林巴圖魯丁
欽加布政*銜随辨朝鮮事宜阿南候補道魏

曉諭事照得朝鮮為

中國藩服之邦素秉禮義比年以來權臣窃柄政出私門毒積禍深遂有今年六月之変夫弑妃辱王残民虐吏一時並発千古之至変也凡乱之興必有主者或由於豪宗積威之漸或根於奸邪異志之萌原本名殊軽重斯判頃者変告上聞道路流傳皆言爾國太公寔知其事皇帝用是赫然震怒念爾國太公既知其事必能得其主名命特遣師臨爾國境先以國太公入朝親問事状一俟罪人之得更申天討之威殲渠积従明率典訓*廷旨殷切敢弗祇慄今統領北洋水師丁軍門暫與國太公航海詣闕處人骨肉之間全恩明義我大皇帝自有權衡必不於爾太公*有所深責但擧動倉率恐爾上下臣民*未諭斯意忘生疑惧*以元代執高麗忠宣忠恵為例大負乎聖意高深此外或従前乱黨因以畏迫更造異謀目前大兵水陸斉進已有二十營此後継発者海上相属爾自度待王師可以顯拒兵力可以相抗嚴陣相待儘可一戰否則深鑑禍福早自効発幸勿執迷怙悪自速誅夷而震恐良善嗚呼天朝爾朝鮮臣主誼猶一家本軍門奉命而來則体皇帝之至仁為軍力之律令雷霆日月備聞斯言告諭諄々尚共信諒切々特諭

右通諭知
光緒八年七月十三日*

*榜示書文中「日本外交文書」（外務省）と六箇所相違するが原文のママとした

（原文）	（日本外交文書）
軍門朝鮮	軍門辨理朝鮮
欽加布政	欽加布政使
明率典訓	明率典則
必不於爾太公	必不於爾國太公
恐爾上下臣民	恐爾上下君民
忘生疑惧	妄生疑惧
七月十三日	（我八月二十六日）

八月三十日　曇

本日　済物浦ニ於テ談判整ヒ仮條約ノ調印午後第三時ニ相済　先ツ平和ニ帰セリ　依テ

其報告ノ為メ伊藤砲兵中尉ニ帰朝ヲ命ジ　午後第六時迅鯨艦ニ乗組セタリ
楊花津駐屯ノ杉山少佐ニ報スルニ　兵隊ハ追而命令アルマテ其地ニ滞在セシメ置キ貴官及瀬戸口大尉ノ両君ハ当済物浦へ帰営セラルヘシト
公使近日入京ノ由ニ就而ハ　三中隊ヲ護衛ニ充テ内一小隊ヲ楊花津又ハ麻浦ニ駐屯セシメ　一中隊ヲ済物浦ニ置キ此地ノ警備ニ充ルコトニ決セリ

八月三十一日　曇

本日　日進艦当港解纜シテ釜山ニ向フ

九月一日　晴

杉山　比志嶌　福嶌　磯林并下官ハ　午前第三時小汽舩ニ搭載シ済物浦ヲ出帆シテ江華嶌ニ至ル　江華嶌ハ戸数一万戸ニテ三千ノ兵アリ　内三百人ハ常ニ城内ニアリト城内ノ戸数ハ三百戸ト云フ　又此嶌ニ産スル者ハ米ヲ第一トシ其他穀類アルノミニシテ其収穫モ五ケ月ヲ支フルニ足ルノミナリト
江華嶌府ハ江岸ヲ距タル二十六七丁ニ在リ　其道路ハ牛車ヲ以テ諸物品ヲ運搬ス　城壁

ハ高サ壱丈余　厚サ七八十サンチメトルニシテ凡五十サンチメトル毎ニ銃眼ヲ穿チ江岸ヨリ山頂ヲ周シ一郭ヲナス　其周囲凡二里トス

府廳ニハ宏壮トト云フヘシ　府ニ至レハ城門ニ出向シ府廳ニ誘ヒ府門外ノ官舎ニテ叮嚀ニ接遇シ一炉一酒肴ヲ出セリ

午後第四時抜錨帰帆セシカ逆水ニ向ヒ舩進マス　已ニ夜ニ入リ航路ヲ弁セサルヲ以テ止ヲ得ス途中ニ碇泊セリ

九月二日　晴

本日　午前九時抜錨シテ同第十一時済物浦ニ着ス

本日　堀本中尉已下改葬ノ為メ藤井砲兵少佐江華嶌草芝ニ至ル　草芝ハ江華嶌ノ下江華府ヨリ凡四里ノ所ヲ云フ

九月三日　晴

本日　午前第十一時　済物浦濁渓峴ニ堀本中尉已下殺害セラレシ者十三名ノ改葬ヲ為シ祭典ヲ行フ　朝鮮政府ヨリモ使節ヲ遣シ供物ヲ備ヘ　又仁川府使并ニ花嶌別将モ参拝シ終

テ　午後第四時陸海軍ノ將校及公使ノ一行ト共ニ金剛艦ニ於テ宴会アリ
本日　杉山少佐及福嶌中尉ハ本邦ニ向テ出帆スル処ノ品川丸ニ搭載セリ　又　水野大尉明治丸ニテ当地着港ス

九月四日　晴

公使再ヒ入京ニテ本日午後第四時済物浦ヲ出発シ仁川府ニ至リ此地一泊セラル　高嶌将将ハ済物浦ニ滞在ニテ下官ハ公使ト共ニ入京ス
本日　磯林中尉ヲシテ小汽船ニ搭載セシメ　明治丸カビテン「ディムス」*氏ト共ニ清兵ノ景況ヲ視察ノ為メ南陽ニ遣ハセリ
府廳ニ着スルヤ府伯公使ヲ訪ヒ其述ル處ヲ聞クニ　清兵入京シテ暴行極マリナシカ貴国ノ兵ハ之ニ反シ多人数入京セシトキ敢テ仝様ノ振舞アリタルコトヲ聞カス　実ニ肝心ナリト　又　中軍趙某ナルモノ来訪ノ時ニ於テモ亦仝意ヲ述タリ
馬建忠一應帰国ノ由ニテ我公使ニ一書ヲ留タリ　但南陽ヨリ昨三日乗船シテ出帆セリト又　書中ノ大意左ノ如シ

今般ノ始末ヲ報セン為メ帰国ス　今度事変ノ巨魁ハ大院位ヲ始メ之ニ次ク暴徒数十人ハ已ニ處刑ヲ行ヘリ　因テ貴下爾後ニ於テ最早責ムルコトナキヲ要ス　又　償金五十万元ハ交戦ニ至ラサルヲ以テ巨額ナラン

素ヨリ僅少ノ金額ト雖トモ朝鮮国ノ如キハ　巨大ノ額ナルヲ以テ大ニ驚キ　日本人ハ名義ヲ交際ニ托シ其内意ハ利ヲ占メントスル必然ナリト　終ニ人心乖離シテ貴国ヲ慕フノ意ナキニ至ルヲ以テ将来交際ニ関スルヤ大ニシテ開国ノ進歩モ亦甚タ難カルヘシト

馬氏カ右ノ書ヲ留メタルヤノ意ヲ察スルニ　友誼ノ厚情ヨリ出タルモノ如クナレトモ其実深謀在テ我カ談判ニ立入ルノ緒トナサントスルモノニ相違ナカルヘシ

＊「ディムス」(James, Johns Mathews)

九月五日　雨

本日　午前第五時三十分　公使并下官等仁川府ヲ発程　午後第二時　楊花津ニ着シ濯纓亭ニ止宿ス

本日ハ午前六時ヨリ小雨ナリシカ午後第《マ》三十《マ》分ヨリ暴雨トナリ道路頗ル悪ク人馬ノ困難一方ナラス　殊ニ漢江ヲ渡ルトキハ風烈シク下流ニ漂セシカ漸クシテ前岸ニ達スルヲ得タリ　又　磯林中尉ハ後ヨリ着ス

本日　海軍少佐田中氏ヨリ聞クニ南陽ニ駐屯ノ清兵ハ多ク幕営ヲナシ　其周囲ニ凡壹丁余四方シテ方形ノ堡塁ヲ築キ　其高サ三四メートル　其厚サ二メートルニシテ銃眼ヲ設ケ頂上ニ　二名持ノ砲ヲ二三メートル毎ニ備ヘ其作業ハ別ニ人夫等ヲ要セスシテ皆ナ兵卒ヲシテ之ヲ作ラシメタリト

九月六日　晴

近藤書記官ハ去ル四日済物浦ヲ発程シテ入京　公使館ヲ彼ノ政府ニ求メラレシカ　未タ適当ノケ所ナキ旨ヲ　同官ヨリ報セラルルニ因リ止ヲ得ス本日ハ当地ニ滞在セリ

本日　午後第四時三十分　井上参事院議官*　有地海軍大佐*　水野陸軍大尉等　小汽船ニテ漢江ヲ泝リ楊花津ニ着シ　淡濃亭（大院君ノ別荘ナリ）ニ舎次ス

濯纓亭ハ　楊花津ヨリ七丁余上流ニ在テ江岸ニ位シ　其上流ニ麻浦　前面遥カニ南漢山ヲ望ミ　左ニ楊花渡ヲ見　又　前ニ江ヲ隔テ砂漠ノ江嶼ヲ見渡シ其風景実ニ実ニ勝絶ナリ

此亭ハ大臣等ノ集會スル処ナリト云フ　此地名ヲ濯纓ト云フ　亭ハ地ノ字ヲ以テセシナラン

＊井上参事院議管（参事院議官　兼内閣書記官長　井上毅）

有地海軍大佐（比叡艦長　有地品之允）

九月七日　曇

本日　公使始メ　二中半ノ護衛兵及　磯林　堀江大佐等　午前第十一時　濯纓亭ヲ発程シ　午後第二時入京　南部泥峴ナル李鐘承ノ邸ニ着ス　公使ハ此邸ヲ旅館トセラル　護衛兵并ニ下官等ハ其隣家ニ舎営ス

南部泥峴ハ王宮ト對向スルノ地ニシテ　南山ノ麓ニ位シ市街ニ突出シテ小丘アリ　又山麓ニ小阜ノ如クシテ平地ヲ有シ　是ヨリ南山ノ頂上ニ至ルノ道路アリテ　南山ノ頂上ヲ保守スルトキハ実ニ兵ヲ用ユルノ要地ト云フヘシ　又　市街ニ突出スルノ小丘ハ其頂上平地在テ　之ニ大砲ヲ安位シテ市中ハ概シテ射撃スルヲ得ヘシ

南山ハ一ノ独立山ニシテ頂上ヨリ望メハ京城ハ眼下ニ在テ其一部ダモ残スコトナシ　西南ノ方　楊花津　麻浦ヲ望ミ　凡京城周囲ノ地形ヲ見ルヲ得ヘシ

九月八日　晴

本日　聞ク処ニ因レハ　王妃ノ死セシハ全ク虚ニシテ　忠清道ノ忠州ニ避難セラレ一両日ニ帰宮アル由ニテ本日ヨリ喪服ヲ脱セリ

芝罘ニ於テ一方ナラス暴発アルニ依リ　仁川湾ニ向航スル英ノ艦隊ニ電報シテ曰ク仁川湾ニ向フノ艦隊ハ直チニ芝罘ニ向フコトヲ希望スト　北京駐劄ノ英国公使ウヱード*ヨリ　我外務省卿ニ依頼シテ其電報ヲ千歳丸ニテ釜山ニアル英艦隊水師提督ニ達シタリト

清兵ノ当地ニ在ル者二十営ト云フ　然レトモ其人員詳カナラサリシカ外務省御用掛中田某*ヲ来訪セシ清ノ士官屠用裕ナル者ニ問フニ其人員ハ六千人ニシテ　城内ニ二千人　城外ニ四千人ナリト答タル由　然ルニ実地目撃スル処ニ依レハ城ノ内外ヲ算シ三千余ト認メリ

其屯在スル所ハ　敦化門　宣化門　光熙門（王宮ノ門ナリ）　下都監　南大門　南大門外水原ニ至ル路道ノ近傍ニ在ル屯之山ニ二ケ所

東大門外五六丁ニ位スル東廟及其南三四丁目ニシテ王心里ニ二ケ処ニアリ

本日　聞ク処ニ依レハ　日本ノ兵隊入京セシヲ以テ清兵ノ暴行大ニ止ミタリト云フ

水野大尉　朴泳孝氏ノ説ニ　金宏集及趙寧夏ノ清国馬氏ニ随従セシハ　陳奏使及副使ノ命ヲ受ケ　大院位ノ謀首アラス　且国王ノ実父ナルヲ以テ免罪ヲ請ハン為メナリト

又曰フ　朴氏ハ修信大使トシテ日本ニ渡航シ　今般ノ罪ヲ謝スヘキ命アリテ金玉均之ニ副使タリト　然レトモ金氏ハ未タ奉命セスト云フ

＊英国公使ウヱード（Thomas Francis Wade）

外務省御用掛中田某（中田敬義）

九月九日　晴

本日　明治丸カピテン　デームス氏　寺内少佐及ヒ下官等　恵化門外ナル弥勒堂ニ至ル弥勒堂ハ寺院ニシテ　其地位頗ル絶景ニシテ且閑静ナリ　是ニ至ルノ道路ハ恵化門ヲ出テ直チニ左行シ　城壁ニ沿ヒ行クコト五六丁ニシテ小川ヲ渡リ又行ク　同川ヲ渡リ坂道ニ赴ク是ヨリ山ニ向ヒ四五丁ノ処ニ在リ

本日　警備線ヨリ外出スルノ方法ヲ定メ其出入ヲ嚴ニス

本日　花房公使ニハ　左議政金炳国ノ邸ヲ訪ハレ　條約書第一條暴徒處分ノ件ヲ督促セラレタリ

午後第八時　公使ハ下官及水野大尉ヲ招キ　暴徒處分遷延ノコトヲ談セラルルニ因リ充分迫テ督促セラレ度旨ヲ述へ　又　馬氏入京スル上ハ猶一層困難ヲ生スルモ難計猶豫スへ

カラサルコトヲ述ヘ　若シ萬一整ハサルコトアレハ軍隊ノ準備ニ関係シ機ヲ誤マルノ恐アルヲ以テ至急何分ノ景況ヲ聞カンコトヲ以テセリ
本日　熊谷砲兵大尉済物浦ヨリ入京ス
又　有地海軍大佐等帰艦ノ為メ当地発程ス

九月十日　晴

本日　水野大尉ハ暴徒處分遷延ノ情況ヲ高嶌少将ニ報告セン為メ済物浦ニ至ル
下官并ニ　寺内少佐　磯林中尉　其他隊付士官若干名ト共ニ　午後第一時出営シ　市中并ニ東大門外ニ駐屯スル清兵ノ景況ヲ視察ヲナシ　同第七時十分帰営ス
本日　諸岡海軍大尉外壱名入京セリ

九月十一日　晴

本日　夫卒ノ禁令ヲ示ス　左ノ如シ

一　命令ニ背ク事

一　猥リニ人家ニ立入ル事
一　土人ヲ嘲リ笑ヒ特ニ婦人ニ近接スル事
一　土人ヲ脅迫シテ雇役シ及ヒ打擲スル事
一　無印鑑ニテ警線外ヲ往来スル事
一　法被股引ヲ脱シ及ヒ外出ノ節帽ヲ冠ラサル事
一　墓所ニ立入ル事
一　押買押立ハ勿論物品買収ノ節不正ノ所為アル事
一　田畑ニ立入リ作物ヲ荒ス事
一　博奕ヲ為ス事
一　不潔ノ衣服ヲ着スル事
右嚴禁候也

本日　磯林中尉并ニ　下官其他隊付士官若干名ハ南大門外ノ地理ヲ研究シ且清兵ノ屯之山ニ駐屯スルヲ視察ス

清兵ハ大概人家ヲ避ケ原野ニ幕営シ其周囲ニ壘壁ヲ設ケ之ニ銃眼ヲ備フ　其築法ハ清国

ノ旧式ナルカ欧州ノ法ト異ナリ　然レトモ其工業ニ至テハ我兵ノ及ハサル処ナリ
本日　午後第六時　瀬戸口大尉済物浦ヨリ入京ス

九月十二日　晴

本日　午前第六時　迎恩門ノ西側ニ於テ暴徒三名ノ死刑アリ　故ニ刑場取締ノ為メ歩兵二小隊ヲ出シ　瀬戸口大尉并ニ磯林中尉ヲ臨マシメタリ
暴徒処刑済及ヒ一旦引揚ノ諸事ヲ高嶌少将へ報スル為メ　磯林中尉ヲシテ午後第二時四十五分当地発程済物浦ニ赴カシム
本日　午後第四時　王妃帰宮セラルニ由リ　公使ヲ始メ我兵其途次ニ奉迎センコトヲ公使ヨリ政府ニ照會セラレシニ　清兵ニ属スル屠用裕ヲ以テ謝絶セシヲ以テ断然其挙ヲ止メラレタリ
故ニ下官等其景況ヲ目撃セントシテ其途次ニ在テ王妃ノ輿至ルトキ敬礼ヲ行タリシニ帰営後二三時間ヲ経テ国王ヨリ中使ヲ以テ公使ニ慰問アリ
　其旨左ノ如シ

主上ヨリ問労トシテ来リ　公使及随員兵隊等ノ労ヲ慰セラレ　且　本日途次奉迎ヲ謝セラル　又主上ヨリ中宮殿還宮ノ事ヲ報セラル

中使　金義明

王妃ハ　本日午後第四時還宮　其景況ヲ視察スルニ騎馬ニテ陸續報シ　暫ク在テ先頭ニ四五十名ノ騎兵二列トナリ弓矢ヲ携ヘ刀ヲ佩ヒ　鞍ニ短槍ヲ固着シ其柄ヲ後方ニ出ス次ニ歩兵凡六十名　□製ノ火縄銃ヲ携ヘ二列トナリ　其前後ハ一メートルノ間隔ニテ其左右ノ距離ハ六七間ニ下ラス　騎兵ニ於ケルモ亦同シ

行進中ハ素ヨリ高聲ニ談咄スルコト甚シ　只煙草ヲ吹カサルヲ以テ規則トナスノミナランカ　而シテ次ニ武器ヲ携帯セサル歩卒凡四十名横列トナリ　其中央ニ指揮官ノ如キモノ旗ヲ携ヘ騎乗セリ

次ニ清兵赤地ニ白ノ呉ノ字ヲ記シ　側ニ直隷親軍左営ト記載セル大旗二十四　次ニ黄赤白ノ横模様ニナシタル大旗又二十四　共ニ二列トナリ　其旗手ハ我古製ノ如キ二連短銃ノ先込丸玉ニシテ雷管打ノ短銃ヲ携フ　之ニ次テ清ノ歩兵八十名　モードル銃ヲ携ヘ二列トナリ銃ニ劔ヲ装シ稍正シク保持ス　然レトモ其列ハ不規則ト云フヘシ

此後ニ王妃ノ輿　其周囲ニ大臣ノ如キモノ扈従シ　引續キ後ニ又清兵八十名　マルチィー
ニ銃ヲ携ヘ劔ヲ装シ　二列トナリテ其列間特ニ不規則ナリ　續クニ朝鮮諸官等騎乗又ハ輿
ニテ継續セリ

九月十三日　曇天

本日　午前第四時出程ニテ神田軍吏済物浦ニ至リ　残留兵ノ支與ニ関スル諸事ヲ取極サ
セントス
暴徒處分モ相運ヒ　清人モ之ニ干渉セサル形跡モ見ヘテ　依テ高嶌少将明朝和歌ノ浦丸
ニテ帰朝ニ就而ハ左ノ件ヲ残シ置レタリ

〇拙官出発後ハ大小ノ件　貴官擔任ハ勿論ニテ左ノ件ヲ申置クト
一　駐屯兵ノ儀ハ外務卿ヨリ花房公使ヘ申来ル趣モ有之　同官ヨリ通知有之候間總
而貴官ト御協議ノ上　可然取極相成度旨及回酬置拙官ノ意見ハ　公使帰朝相成
トモ当分ハ少クモ二中隊程滞在可然　猶花房公使ト熟議之上適宜取極相成度事
一　貴官ハ大畧御所分相済上ハ花房公使ト同時ニ帰朝可然　其遅速ハ臨機貴官ノ見

込次第ノ事

一　拙官出発後　陸軍卿或ハ参謀本部長ヨリ拙官ニ宛親展公信到着候得ハ貴官御開封不宥候事

一　兼而御示諭申置候　瀬戸口　磯林　地理実査之儀時機見計着手被致度事

九月十四日　晴

高嶌少将ハ　本日正午済物浦出帆　帰朝セラル

午後第三時ヨリ　公使南廟ニ駐屯セル呉長慶ヲ訪ハルヲ以テ　下官及寺内少佐之ニ同伴シ　清兵ノ陣営ヲ問労シテ其景況ヲ目撃スルヲ得タリ

該時　呉ヨリ公使へ左ノ如ク陳述セリ

我国ノ兵　数多ナレトモ不規律ニシテ且弱兵ナルヲ以テ頼ムニ不足　当地ニ数多ノ兵ヲ出セシハ全ク暴徒ヲ鎮壓センカ為ナリ　依テ王心里　及ヒ　屯之山ニ屯駐セシムルハ該村ニ暴徒多キヲ以テナリ

大院君帰国スレハ暴徒等又変故ヲナスモ難計ハ必然ナルヲ以テ大院君ノ朝鮮国へ帰

ルハ五千年ノ後タルヘシト
我兵ハ何分不規則ナルヲ以テ当地ニ着セシヨリ已ニ五人ヲ死刑ニ行ヒタリト

下拙問フコトアリテ　左ノ答ヲナセリ

幕営ノ周囲ノ壘壁ハ別ニ其兵ヲ編制セルニアラス　一般ノ兵卒ヲシテ之ヲ築カシム

棒ノ如キ者ヲ持スル兵卒ハ別ニ編制アリテ全ク兵卒ノ市中ニ於テ乱暴等ヲナス者ヲ取締ルタメナリト　即憲兵ナラン

小銃大砲ハ皆本国ニ於テ製造シ　今此持ツ処ノ　マルチニ銃モ本国ニ於テ製ス

右ノ外　呉氏ノ談和中ニ　北洋及南洋ノ兵ハ皆ナ　マルチニ銃及モードル銃トナシタレトモ其他ハ未タ及ハサルト

本日　磯林中尉済物浦ヨリ京城ニ帰ル

九月十五日　晴

本日　魚允中　公使ニ來ル

其談ニ忠清道忠州ニ　八百人ノ有志兵アリテ　之ヲ總轄スル具完織某ハ其率ユル兵八百名ト共ニ入京シテ暴徒ヲ鎮壓セント謀リ　入京セント欲ルノ途次ニ於テ王妃ニ會スルヲ以テ之ヲ警護シ忠州ニ至リ　平穏ニ至ルニ及テ王妃ヲ護衛シテ帰宮セリト

具完織某　今其功ヲ以テ摠戎使ニ任セラレ　八百人ノ兵ヲ率ヒテ摠戎廳ニ屯在スト

摠戎廳ハ禁衞兵ノ一部ニシテ　其兵営ハ北門外ニ在テ京城ト北漢山城ノ谷間ニ在リ

九月十六日　晴

午前十二時ヨリ花房公使　近藤書記官　堀江大佐　瀬戸口　熊谷両大尉　神田軍吏　小野軍医　磯林中尉　寺内少佐　藤井　井上　小出三大尉　朝鮮国ヘ謁見　續而酒肴ヲ賜フ

今般　公使帰朝復命セラルヲ以テ近藤領事　公使ノ代理トシテ朝鮮国ニ滞在セラルルニ依リ　其護衛トシテ一中隊ヲ残シ置キ餘ノ三中隊ハ帰国スルコトニ決スルヲ以テ　其引揚明十八日以テスルニ依リ　患者并ニ遠用物及ヒ將校ノ荷物ハ其前日ニ於テ　楊花津ヨリ漢江ニ拠リ済物浦ヘ水運セシム

九月十七日　晴

本日　熊谷大尉ハ彈藥取纏ノ為メ京城ヲ発シ済物浦ニ赴ク　又　諸岡海軍大尉*　諸報告ノ為メ入京アリシカ　本日　熊谷大尉ト共ニ済物浦ニ向ヒ帰艦セリ

本日　午前第九時　清国　呉長慶　丁汝昌　公使ヲ来訪スルニ依リ　下官　寺内少佐瀬戸口大尉　藤井大尉　磯林中尉　之ニ會ス

呉及丁氏ノ談ニ　両国出張ノ兵　京城ニ駐屯スルコト数日ナレトモ　絶而紛儀ヲ生スルコトナキハ幸ナリト

下官ヨリ該氏ニ乞フニ　磯林中尉　并中隊長藤井大尉　其他士官等　時々営中ニ伺ヒ諸事談合スルコトモアラン　然ルトキハ可然取扱ヒアランコトヲ依頼セント

丁氏答曰　誠ニ然リ　兵卒ハ何カナル所為アルモ　士官等互ニ往復シテ親睦シヤルトキハ決シテ大事ニ至ラサルト

丁氏ハ已ニ洋行モナシタル人ニシテ　其言語稍々洋人ノ風アリテ猜疑スル処ナクシテ頗ル敏捷ナリ　又　丁氏言フ　清兵モ近日多少ノ兵ヲ帰国セシムルニ依リ　呉氏モ帰国スヘシト

＊諸岡海軍大尉（諸岡頼之）

九月十八日　晴

公使帰朝セラル丶ヲ以テ　本日正午十二時　京城出発午後十一時五十分済物浦　護衛兵二中隊并ニ下官等仝公使ト共ニ済物浦ニ至ル

瀬戸口大尉ハ南陽ニ赴ニ該地ニ至ルノ地理ヲ研究シ　併セテ南陽湾ノ景況ヲ実査セシムル為メ明十九日　京城ヨリ該地ニ赴キ同所ヨリ乗舩シテ帰朝セシムルコトトナセリ　又磯林中尉及隊付士官両名之ニ随フ

本日　朝鮮政府ヨリ左ノ書ヲ公使ニ送セリ　但我公使ヨリ文案ヲ作リ要求セラレタ答ナリ

善鄰厚好国之大事聯盟結款誼同一家乃與日本修約以来為日尚淺各道軍民未免挟嫌懐疑時或粗暴滋事失信於鄰邦取豐於天下国家之恥莫大焉現懲前毖後益修親好以為善後之計嗣後如有行暴逞凶戕害外人者不論其亂首與加功逮捕誅戮以正国法及有妄唱邪説結黨聚類指斥外人以傷好睦者立即處分決不寛貸為此通諭八道四都軍民等知悉

京外所立斥洋碑刻時措有異故並行抜去

右ハ我公使ヨリ文案ヲ作リ　該政府ニ要求セラレタルニ之ヲ実行センコトヲ副書ヲ以テ通セリ

九月十九日　曇

本日　二中隊并ニ大隊本部ハ社寮丸ニ搭載シ　明二十日早天出帆シ　餘ノ一中隊ハ二十一日住ノ江丸ニ搭載シテ帰朝セシムコトニ決ス

済物浦ノ守兵ハ外務省出張ノ水野氏ト談シ其決ヲ公使ニ取リ同省ニ於テ仮設スル処ノ仮屋ヲ借リ之ニ駐屯セシムルコトニ取極メタリ

清輝艦ハ本日午後第一時清物浦出帆帰朝ス

九月二十日　晴

本日　午前第八時三十分　修信大使ノ一行済物浦ニ着

二中隊及大隊本部ノ搭載シタル社寮丸ハ　午前第五時三十分済物浦ヲ解纜シテ帰朝ス

花房公使及下官　其他第十四聯隊第二大隊將校　歩兵中尉佐藤介藏　同少尉伊東主一等南陽湾実査ノ為メ孟春艦ニ搭載シテ　午前第九時済物浦ヲ解纜シ南陽湾ニ向フ

午後第三時三十分　該湾ニ着スルヤ直チニ　公使　孟春艦長　及下官ノ三名ハ　提督丁汝昌ヲ訪フ為メ威遠号ニ到ル　暫時面晤シテ帰艦　食事終テ又午後第六時　上陸シテ清ノ兵営ヲ訪フ

丁氏ハ已ニ上陸シテ公使ヲ誘導シテ兵営ニ到ル　公使ト共ニ兵営ニ到リシ者ハ　孟春艦長　下官　内藤外務書記官　其他　佐藤中尉　伊東少尉等ナリ

兵営ニ到ルヤ三発ノ祝砲ヲナシ　又席ニ着クヤ茶ヲ進メ其接遇頗ル叮嚀ナリ　而シテ後チ営中ヲ実視セシム

兵営ハ天幕及ヒ廠舎ヲ以テシ其周囲ニ壘壁ヲ築キ其上部及中部ニ銃眼ヲ穿ツ　而シテ其上部ノ厚サハ四乃至五十サンチメトルトス

其外面ニ小壕ヲ設ケ内部ニ小径ノ踏垜ヲ附ス　其壘壁ノ形ハ方形ニシテ　突角部ニ小堡ヲ附シ之ニ　ガットリング　又ハ清国古流ノ小砲ヲ備ヘ　側防ニ備ヘ其門ハ　一個ニ過キサルヲ以テ不便ト云フヘシ

踏垜ノ基部ハ四方皆ナ竈ヲ設ク　何者ハ一組ニ二個ノ釜ヲ給シ各組ニ於テ炊事ス　其一組十八者ハ一天幕ニ容ルモノヲ以テシ　其人員ハ　長一人（下士ノ類ナラン）炊事掛一名　廠舎等建設スルニ当リ屋根或ハ壁等ヲ作ルモノ一名　其他ハ戦者ニシテ合計十六名位ナ

リト

一営ハ戦者五百名　非戦者二百名ニシテ　合計七百名ト云フ

当地ニ在ル兵ハ三百名ニシテ皆ナ　マルチーニ銃ヲ携帯ス

祖父堀江芳介について

阿月《あつき》の堀江芳介については、インターネットや陸軍関係の新刊書などにときどき名前が出てくるが、なにしろ没後一一六年を経過しているので、郷里でもあまり知られていないようである。

そこで本稿では、孫の立場から芳介について語ってみようと思う。孫といっても、芳介が没したのは明治三五年（一九〇二）で私が生まれたのは昭和五年（一九三〇）であるから、同時代に共に生きていたことはなく、父や三人の叔母たちから伝え聞いた話しかわからない。

芳介には六人の子がいた。

長男　六郎（阿月郵便局長）三六歳死亡
二男　耕造　生後一一か月で死亡
（芳介妻と離別後西村ヱイと再婚）
三男　迪雄（陸軍少将）
長女　タマ（陸軍中将安田郷輔夫人）
二女　シノ（北里研究所沼田仁吉夫人）
三女　ノブ（陸軍中将古谷清夫人）

三男迪雄は一三歳の時、母の実家の西村家に養子として入籍し、阿月から和歌山県に移り家督を継いだ。私は迪雄の三男である。

私が阿月に住んだのは、終戦の年（昭和二〇年）七月に疎開し、翌年五月までの一年足らずの期間しかない。当時は、阿月で堀江芳介を知らない人はいないくらい有名で、長老たちからいろいろな逸話を聞かされた。

ところが、終戦を迎えると、父も二代続きの職業軍人であったから、一転して戦争犯罪人の息子として後指を指される身となり、祖父や父のことはあまり口に出さないようにした。

当時は、願成寺の並びに堀江芳介の屋敷があり、門司氏（堀江の親戚）が住んでおられた。時々遊びに行ったが、白壁の土塀をめぐらし、茶室からは石灯籠の立つ池や庭が眺められる立派な邸であった。今は、白壁は崩れ落ち建物は潰れたまま草木が生い茂り、見る影もない。堀江家は跡が絶え、面影山に墓だけが残っている。

堀江芳介の略歴は次のとおりである。巻頭の略歴と一部重複するが、改めてここに掲げる。

天保一四年　三月二日　浦靭負の家臣堀江傳藏の長男として出生
文久　三年　奇兵隊入隊
元治　二年　南奇兵隊霹靂隊隊尾を務める
慶応　二年　四境戦争に際し大島に出動
　　　四年　戊辰戦争に従軍
明治　四年　八月　陸軍少尉心得
　　　七年　一一月　任陸軍中佐

八年　六月　教導団次長
一〇年　三月　西南戦争第四旅団参謀
一一年　一一月　任陸軍大佐
一一年　一二月　参謀本部管東局長
一六年　二月　任陸軍少将　陸軍戸山学校長
一八年　五月　近衛歩兵第一旅団長
一九年　七月　歩兵第六旅団長（赴任せず）
　　　　八月　休職
二一年　一一月　任元老院議官
　　　　一二月　予備役編入
二三年　七月　第一回帝国議会衆議院議員（山口四区）
二三年　一〇月　錦鶏間祗候被仰付
二八年　伊保庄南村（明治三四年阿月村に改称）村長（三一年まで）
三五年　三月二七日　死去

右の略歴の中で、生年月日と死亡年月日は柳井市役所の戸籍（除籍）謄本の日付である。おかしなことに、これが両方ともはっきりしない。「柳井の維新史」は戸籍のとおり天保一四年（一八四三）三月二日生であるが、本人自筆の身上書には弘化二年（一八四五）三月三日生と書いてあり、人名事典なども統一されてない。父の遺した堀江家の記録には、「二説あるが、本人が辰年生まれと言っていたから弘化元年三月三日生まれだろう」と書いている。養子に出されたとはいえ、実の父親の正確な生年月日を覚えていなかったのだろうか。

また、死亡日は、戸籍では、明治三五年三月二七日午前七時三〇分死亡となっているが、父の記録によると、「二四日午後七時頃親族一同病床に集まり各人筆にて唇に水を手向け一同にみとられて永眠す」とある。位牌にも三月二四日と記されているし、柳井市史も三月二四日逝去だが、衆議院議員名鑑は三月二七日死去となっている。三月二四日に旭日重光章を加綬されているので、役所への死亡届を遅らせたのであろうか。

私は、芳介の死後二八年経って生まれたわけだから、若いころは祖父についてあまり関心がなかった。ところが、昭和五六年（一九八一）に、当時柳井図書館長だった谷林博氏が、日本歴史学会誌の「日本歴史　三月号」（吉川弘文館）に「月曜会会長堀江芳介についいて」という論文を掲載され、私にも一部送ってくだされ興味を持つようになった。
谷林氏は、その冒頭で、

「日本歴史」（昭和五五年五月号）に村瀬信一氏が「いわゆる月曜会事件の実相について」を発表され、その結成から解散にいたる経過を論じている。その会長が堀江芳介であるが山口県人でも彼について余り知られていないので紹介してみたい。月曜会は反山縣軍閥の拠点として、明治二一年一二月二五日、幹部の中将鳥尾小弥太、同曽我祐準、同三浦梧楼、少将堀江芳介らが予備役に編入された。五〇歳に満たずして陸軍から追放された。

月曜会は軍の主流とはなりえなかったが軍閥史のうえにおいては見落すことのできない事件である。とくにそのなかの中心人物が長州閥であったことに興味がある。

と書いておられる。
第二奇兵隊にいた芳介は、維新後、教導団次長、参謀本部管東局長、四〇歳で陸軍少将に累進し陸軍戸山学校長になったが、月曜会会長に推された後は、左遷、免職、予備役編入、陸軍追放ということになってしまった。
芳介についての評伝を引用すると、

月曜会の中心人物堀江芳介は、陸軍としては惜しい人物であった。長藩の出身ながらも山県と相いれず、有為の資を抱きながら月曜会事件で陸軍を追われた。

（「近代日本軍人伝」松下芳男著　柏書房）

堀江芳介は山県の後輩の長閥で、国司順正、滋野清彦らの長閥同僚に伍して進み、本当は長州閥の本流を走るべき優秀な人材であったが、どういう訳か山県とは相容れないものがあった。

（軍人勅諭の真意より）

と、いずれも好意的に評価している。
それでは芳介は、どうして月曜会の会長に推されたのであろうか。これについて、「人間長岡外史」（長岡外史顕彰会編）では、次のように述べている。

ところで、堀江が月曜会の会長に推薦された理由というのは、長岡外史ら発起人および幹事らにとって、一番身近な、引っ張って来やすい人物だったかも知れない。外史は陸軍大学に入るまで戸山学校教導団付であった。一三年六月から一六年四月九日に陸大に入学するまで教導団に三年いた。その間、一五年六月に、戸山学校次長としてやってきた堀江を上司として見ている。堀江は同時に近衛師団の参謀長をも兼任していて、参謀肩章をぶら下げていた。若い外史らにとって堀江はかれらのアイドルであっただろう。

一六年二月、堀江は戸山学校長となる。

（略）

「われらが校長」を月曜会の会長にしようということに、幹事会の衆議が一致しただろうことは容易に想像できる。ちなみに堀江は山口県柳井市阿月の出身である。

参考までにいうと、堀江夫妻は、明治二一年（一八八八）九月二九日、長岡外史・茂子夫妻の結婚式において媒酌人をつとめている。

谷林博氏は、前述の論文を次のように結んでおられる。

山口県ではきら星のように将軍が多いが、堀江が月曜会会長であったことさえ知られていない。

阿月は浦氏の領地で長州藩の陪臣の多いところである。奇兵隊総督赤禰武人、奥州鎮撫総督参謀世良修蔵、吉田松陰の友人秋良敦之助、白井小介など不遇に終った人物が多い。堀江にしても軍主流に進出できない背景があったのではないかと思われる。

芳介は、乃木希典とも親しかったようである。作家の渡辺淳一氏は、昭和六三年に、乃木希典・静子夫妻の生涯を書いた「静寂の声」を出版されているが、希典が結婚式の当日「五時間も遅れてくるのはやはり異常であろう」と書いた後に当日の日記を引用されている。

この日の希典の日記は次のように記されている。「八月二十七日、強雨。朝、書ヲ遣リ、青山ヲ呼ブ。明日酒饌下賜ノ事ヲ議ス。朝、田上清人来リ、入団ノ事ヲ詢ル。朝、教導団ニ堀江ヲ訪フ、不在。午後、同氏ヲ訪フ。小話。後、山県卿ヲ訪フ。後ニ桂少佐来ル。帰路、衛戍本部ニ入リ岡本ニ逢テ帰ル。不在中小倉十四聯隊ヨリ戸山入校士官来訪。大野梅太郎来ルト云フ。本日婚儀。」

五時間遅れてこなければならなかった理由はどこにも見当らない。

これを見ると、乃木希典は結婚式の当日、午前中に芳介を訪れたが不在のため、午後もう一度教導団に行き会っている。よほど大事な話があったのだろうか。これは明治一一年(一八七八)のことであるが、その後、「乃木希典日記」を読んで驚いた。明治八年から明治一七年にかけて五九回も堀江の名前が出てくる。

乃木希典は芳介より五歳年下であるが、兵科は同じ歩兵であったから、よき話相手であったようだ。小酌という語がやたらと出てくるところをみると飲み仲間であったのかも知れない。元旦には年賀にも訪れている。

最後は明治三五年で、

三月三十一日　月曜日　晴

……堀江六郎に悔状を出す……

以後、日記から堀江の名前は消えている。

芳介は、白井小介とも親交があったようである。谷林博氏は、昭和五七年二月二五日の周南新報に「白井小介について」という一文を載せておられるが、その中で、白井小介が堀江芳介から五円もらった話が出てくる。

阿月の屋敷によく遊びに来ていたらしい。叔母たち（芳介の娘）三姉妹は、玄関ががらっと開いて「芳介おるかっ」と大きな声がするので出てみると、隻眼の小介が酒徳利をぶら下げて立っていたので怖くなって奥の部屋に逃げ込んだとよく話していた。小介は、芳介と酒を酌み交わしながら悲憤慷慨していたようだが、年頃の娘三人も、酒の肴にさんざんからかわれていたのであろう。

芳介は陸軍を追放されたが、その後、元老院議官や錦鶏間祗候という要職に就いている。これについては、天皇や皇室に受けがよかったという説がある。近衛歩兵第一旅団長に就任したのも、明治天皇のご指名だったという。「明治天皇紀　六」（宮内庁編　吉川弘文館）に次のような記述がある。

明治十八年五月二十日　彰仁親王に謁を賜ふ、侍従長侯爵徳大寺實則を陸軍卿伯爵大山巖・参謀本部長伯爵山縣有朋の許に差遣し、聖旨を傳へしめて曰く、今回奏する所によれば、近衛兵編制を改め、彰仁親王の近衛都督故の如く、陸軍少将佐久間左馬太を以て近衛歩兵第一旅団長に補せんとすと云う、惟ふに彰仁の留任は則ち可なり、然れども旅団長は、左馬太に代ふるに陸軍少将堀江芳介を以てせば如何と、巖等命を拝す、明日を以て芳介、近衛歩兵第一旅団長に任ぜらる、

明治二三年第一回帝国議会の選挙が始まると、山口第四区（熊毛郡・都濃郡・大島郡）から推されて衆議院議員になったが、次回は落選。その後、阿月村長、熊毛郡会議員などを務めたが、明治三四年ころから体調が思わしくなく、広島市の博愛病院受診の結果、胃がんと診断された。以後は、自ら村医として招いた後藤昌一医師の治療を受けていたが、翌三五年三月永眠した。

三月三〇日の葬儀には、勅使ご差遣、幣帛を賜り、近郷から多くの弔問客が訪れ盛大であったという。

（「柳井市郷談会誌　第三五・三六合併号」平成二四年三月所収の論考に補訂）

参考文献

陸軍省日誌　明治一五年　第二三号（八月一日）　防衛研究所図書館
堀江大佐・杉山少佐報告書　山縣有朋あて（明治一五年八月一六日）防衛研究所図書館
公文類聚　第六編　第八三巻　外事門　朝鮮事件　国立公文書館　一八八二
内外兵事新聞（明治一五年八月六日・九月三日・一〇日）
朝野新聞（明治一五年八月四日・一八日・二九日・九月八日・一三日・三〇日・一〇月三日）
東京日日新聞（明治一五年八月三日・一一日・九月八日・九日・二八日）
朝日新聞（明治一五年七月三一日号外・九月三日号外・九月二六日・二八日・三〇日）
時事新報（明治一五年八月三日・七日・九月八日）
郵便報知新聞（明治一五年九月一六日）
「公爵　山縣有朋傳」第四篇　第三章　四、朝鮮京城の變乱（山縣有朋公記念事業会）一九三三
「京城府史」第一巻　第二章　(4)壬午の乱　(5)済物浦条約と京城（京城府）一九三四
「壬午政變の研究」田保橋潔著（青丘学叢　第二一号）一九三五
秘書類纂「朝鮮交渉資料　上・中・下」（秘書類纂刊行会）一九三六
「近代日朝関係の研究」田保橋潔著（朝鮮総督府　中枢院）一九四〇
「日本外交文書　第一五巻」外務省編纂（日本国際連合協会発行）一九五一
「壬午軍乱について」山辺健太郎著（歴史学研究　第二五七号）青木書店一九六一

「朝鮮近代革命運動史」第二章　第一節　一八八二年の軍人暴動（新日本出版社）一九六四
「日韓外交資料集成　第二巻　壬午事變編」金正明編（巖南堂書店）一九六六
「花房義質の朝鮮奉使」安岡明男著（都立大学付属図書館）
明治百年史叢書「岩倉公実記　下巻」多田好問編（原書房）一九六八
明治百年史叢書「世外　井上公傳　第三巻」（原書房）一九六八
明治百年史叢書「日韓外交史料　第二巻　壬午事変編」市川正明編（原書房）一九七九
「明治初期日韓清関係の研究」彭澤周著（塙書房）一九六九
「井上毅傳　資料篇第六」井上毅傳記編纂委員会（國学院大学図書館）一九七七
「壬午軍乱と近代東アジア世界の成立」藤間生大著（春秋社）一九八七
「閔妃暗殺」角田房子著（新潮社）一九八八
「壬午事変と明治政府」高橋秀直著（歴史学研究　第六〇一号）一九八九
「近現代史のなかの日本と朝鮮3　壬午軍乱」山田昭次著（東京書籍）一九九一
「日清戦争への道」高橋秀直著（東京創元社）一九九五
「壬午事変後の東アジア政策と外圧」崔碩莞著（日本歴史　第五八二号）一九九六
「日清戦争への道程」崔碩莞著（吉川弘文館）一九九七
「東アジア史としての日清戦争」大江志乃夫著（立風書房）一九九八
「日本史広辞典」（山川出版社）一九九七
「来日西洋人名事典」武内博編（日外アソシエーツ発行　紀伊国屋書店発売）一九八三

編者
西村榮雄――にしむら・よしお
昭和五年（一九三〇）東京に生まれる。郵政省勤務後、福祉事業に従事。老人ホーム施設長を経て現在社会福祉法人監事。女性の日記から学ぶ会会員。著作に「学徒勤労動員日記―１９４５年」（朝日新聞出版サービス）、「時代を駆ける　吉田得子日記1907-1945」（島利栄子共同編集責任、みずのわ出版）。

堀江芳介壬午軍乱日記

二〇一八年五月一日　初版第一刷発行

編　者　西村榮雄
発行者　柳原一德
発行所　みずのわ出版
　山口県大島郡周防大島町
　西安下庄、庄北二八四五
　〒七四二―二八〇六
　電話　〇八二〇―七七―一七三九（F兼）
　振替　〇〇九九〇―九―六八三四二
　E-mail mizunowa@osk2.3web.ne.jp
　URL http://www.mizunowa.com

印　刷　株式会社 山田写真製版所
製　本　株式会社 渋谷文泉閣
装　幀　林 哲夫
プリンティングディレクション　黒田典孝
（㈱山田写真製版所）

ISBN978-4-86426-035-0 C3031